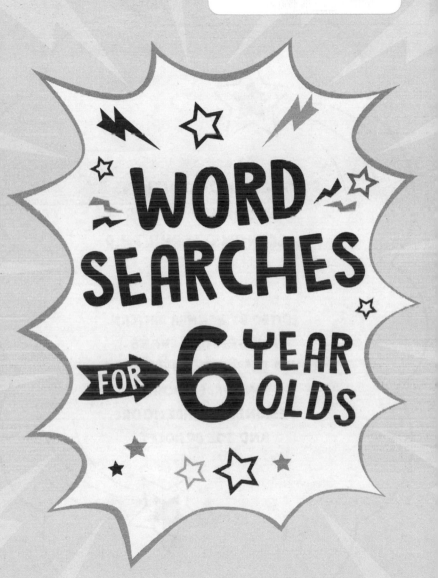

WORD SEARCHES

FOR 6 YEAR OLDS

PUZZLES AND SOLUTIONS BY
DR GARETH MOORE
B.SC (HONS) M.PHIL PH.D

EDITED BY HANNAH DAFFERN
AND FRANCES EVANS
COVER DESIGN BY ANGIE ALLISON
AND JADE MOORE
DESIGNED BY JADE MOORE
AND ZOE BRADLEY

WORD SEARCHES FOR 6 YEAR OLDS

BUSTER BOOKS

INTRODUCTION

Wordsearches are fun puzzles that anyone can solve. They are a great way to boost your spelling and vocabulary skills.

Every puzzle consists of a grid of letters plus a list of hidden words to find in that grid. All of these words are written in straight lines in the grid, although they can read in any direction, including both backwards and diagonally. The first 14 puzzles in this book help explain how this works.

When you find a word, draw a line along it in the grid. It's best to use a pencil for this, or a highlighter pen, since sometimes letters are used again in other words. Cross it out in the list of words, too, so you don't forget you've found it. Once all the words are found, you've finished the puzzle – well done!

Sometimes an entry you're looking for is made up of more than one word, such as 'ICE AGE'. If so, ignore the spaces and search for 'ICEAGE' without a space. If there is punctuation, such as the hyphen in 'T-SHIRT', then ignore that too and search for 'TSHIRT'. It's only ever the letters you are looking for in the grid.

Each puzzle has a different topic, given at the top of the page, but you don't need to know anything about that topic to solve it. In fact, you might learn something new so why not look up any words or names you don't already know?

The puzzles are split into 'Get Started', 'Getting Trickier' and 'Experts Only' sections, and gradually get bigger as you work your way through the book. The solution to every puzzle is given at the back of the book.

Good luck and have fun!

INTRODUCING THE WORDSEARCHES MASTER: GARETH MOORE, B.SC (HONS) M.PHIL PH.D

Dr Gareth Moore is an Ace Puzzler and author of many puzzle and brain-training books.

He created an online brain-training site called BrainedUp.com, and runs an online puzzle site called PuzzleMix.com. Gareth has a Ph.D from the University of Cambridge, where he taught machines to understand spoken English.

1

THE FIVE SENSES

In the first two puzzles, the circles show you where a word begins, and the arrows show you the direction to read the word.

```
Ⓢ  S  O  E  Ⓣ  L
M  Ⓣ  C  E  O  E
E  A  T  U  U  L
L  Ⓢ→ E  E  C  L
L  T  H  U  H  T
Ⓗ→ E  A  R  E  A
```

HEAR
SEE
SMELL
TASTE
TOUCH

METALS

```
L  I  S  E  C  G
E  R  T  T  O  O
A  O  E  I  P  L
D  N  E  N  P  D
S  I  L  V  E  R
Z  I  N  C  R  O
```

COPPER	SILVER
GOLD	STEEL
IRON	TIN
LEAD	ZINC

THAT'S LOUD!

3

In this puzzle, the circles show you where a word begins, but the direction arrows have been removed.

(H)	(S)	P	L	A	T
I	(Q)	U	A	C	K
(C)	U	C	K	O	O
C	I	(Z)	O	O	M
U	(S)	L	O	S	H
P	H	(W)	O	O	F

CUCKOO
HICCUP
QUACK
SLOSH
SPLAT
SQUISH
WOOF
ZOOM

TEA PARTY

4

In the next two puzzles, only some of the circles are given.

```
J  U  I  C  E  Ⓕ
K  N  I  F  E  O
Ⓟ  L  A  T  E  R
S  P  O  O  N  K
S  A  U  C  E  R
Ⓦ  A  T  E  R  E
```

FORK
JUICE
KNIFE
PLATE
SAUCER
SPOON
WATER

5

PAINT POTS

```
Y E L L O W R
B P O (B) L U E
L U R R W (G) D
A R A O H R P
C P N W I E I
K L G N T E N
L E E N E N K
```

BLACK
BLUE
BROWN
GREEN
ORANGE
PINK
PURPLE
RED
WHITE
YELLOW

PETS

6

From this puzzle to puzzle 12, no more circles are given.

```
M R A B B I T
O D C A T B S
U O F F I S H
S G E R B I L
E L I Z A R D
H A M S T E R
B U P O N Y M
```

CAT   PONY
DOG   RABBIT
FISH
GERBIL
HAMSTER
LIZARD
MOUSE

7 IN THE GARAGE

From this puzzle on, you will need to search backwards as well as forwards.

L	E	W	O	R	T	T
W	A	S	L	R	R	E
M	S	D	E	E	S	K
O	P	R	V	W	P	C
O	O	A	O	O	A	U
R	T	K	H	M	D	B
B	S	E	S	E	E	E

BROOM
BUCKET
MOWER
POTS
RAKE
SAW
SEEDS
SHOVEL

SPADE
TROWEL

PLAYING CHESS

8

N	B	E	D	R	A	W
N	I	L	C	O	E	B
E	S	T	H	O	T	L
E	H	S	E	K	I	A
U	O	A	C	I	H	C
Q	P	C	K	N	W	K
H	K	N	I	G	H	T

BISHOP
BLACK
CASTLE
CHECK
DRAW
KING
KNIGHT
QUEEN
ROOK
WHITE

9 THINGS WITH SPOTS

```
D E E R E N D
D O M I N O I
H A T E E H C
G I R A F F E
D R A P O E L
E L Y N X H R
R E T I P U J
```

CHEETAH
DEER
DICE
DOMINO
GIRAFFE
JUPITER
LEOPARD
LYNX

TREES

10

```
H  C  R  I  B  H  M
H  P  I  N  E  L  L
C  R  F  E  L  M  R
E  A  M  A  P  L  E
E  D  K  S  P  A  D
B  E  A  H  A  P  L
R  C  O  L  I  V  E
```

APPLE	MAPLE
ASH	OAK
BEECH	OLIVE
BIRCH	PALM
CEDAR	PINE
ELDER	
ELM	
FIR	

11 QUIET WORDS

```
E H U S H E L
C A N S C C L
N R I T A A U
E M U Y L E L
L O N T M P M
I N P E E L S
S Y R E S T S
```

CALM
HARMONY
HUSH
LULL
PEACE
REST
SILENCE
SLEEP

HATS

```
Y Z E F H S B
O T T T A D E
B E A O R R A
W R R P D A N
O E I H H Z I
C B P A A I E
C A P T T W R
```

BEANIE
BERET
CAP
COWBOY
FEZ
HARD HAT
PIRATE
TOP HAT
WIZARD'S

THINGS WITH WINGS

13

From this puzzle on, you need to search diagonally as well as up, down and across. The circles show you where a word begins, and the arrows show you the direction to read it.

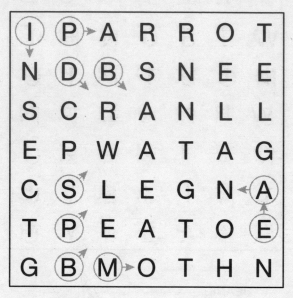

```
I  P  A  R  R  O  T
N  D  B  S  N  E  E
S  C  R  A  N  L  L
E  P  W  A  T  A  G
C  S  L  E  G  N  A
T  P  E  A  T  O  E
G  B  M  O  T  H  N
```

ANGEL   PLANE
BAT   SWAN
BEETLE
DRAGON
EAGLE
INSECT
MOTH
PARROT

FACIAL FEATURES

14

In this puzzle, only some of the circles
and arrows are given.

```
W E S O N H T
M O U T H T O
S E R R C E N
N P I B H E G
I A I J E T U
H S A L E Y E
C W N I K S E
```

CHEEK   SKIN
CHIN   TEETH
EYEBROW   TONGUE
EYELASH
HAIR
JAW
LIPS
MOUTH
NOSE

15 FAMILY MEMBERS

From this puzzle on, no more circles or arrows are given.

C	D	S	E	T	N	B
G	O	F	N	E	S	R
E	I	U	P	I	D	O
W	A	H	S	A	S	T
T	E	T	D	I	O	H
W	E	C	E	I	N	E
R	E	H	T	O	M	R

AUNT
BROTHER
COUSIN
DAD
MOTHER

NEPHEW
NIECE
SISTER
SON
WIFE

NIGHTTIME

16

K	O	W	L	Q	P	K
R	D	T	U	E	S	D
A	R	I	E	U	R	P
D	E	L	D	E	B	E
T	S	T	A	R	S	A
U	T	M	O	O	N	C
G	N	I	N	E	V	E

BED   SLEEP
DARK   STARS
DREAM
DUSK
EVENING
MOON
OWL
PEACE
QUIET
REST

17

TYPES OF SHOE

T	E	L	L	A	B	S
G	G	L	P	G	N	R
P	L	U	O	E	O	P
E	M	L	A	A	I	L
P	C	K	T	O	O	B
R	E	P	P	I	L	S
R	S	A	N	D	A	L

BALLET
BOOT
CLOG
PUMP
SANDAL
SLIPPER
SNEAKER

SCHOOL SUBJECTS 18

```
S  Y  R  F  E  M  E
A  P  I  R  C  U  N
M  R  A  E  N  S  G
A  Y  T  N  E  I  L
R  I  G  C  I  C  I
D  H  I  H  C  S  S
Y  R  O  T  S  I  H
```

ART
DRAMA
ENGLISH
FRENCH
GYM
HISTORY
MUSIC
SCIENCE
SPANISH

HERBS

S	E	V	I	H	C	J
Y	E	L	S	R	A	P
I	E	L	I	S	A	B
H	C	U	M	I	N	T
L	L	I	D	O	I	E
O	N	A	G	E	R	O
E	N	U	T	M	E	G

BASIL
CHIVES
CUMIN
DILL
JASMINE
MINT
NUTMEG
OREGANO
PARSLEY

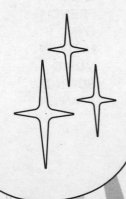

THINGS THAT SPARKLE

```
C L E R G T T
N R T N L S T
J I Y Q I O I
E S U S T R N
W G T Q T F S
E A E A E A E
L D O M R S L
```

CRYSTAL
FROST
GEM
GLITTER
JEWEL
SEQUIN
STAR
TINSEL

WHAT'S FOR DINNER?

N	A	Y	Y	D	B	I
O	T	R	R	A	A	H
O	S	F	R	L	B	S
D	A	R	U	A	E	U
L	P	I	C	S	K	S
E	A	T	I	J	A	F
S	T	S	P	U	O	S

CURRY
FAJITA
KEBAB
NOODLES
PASTA
SALAD
SOUP
STIR-FRY
SUSHI
TAPAS

SEAS

```
N  B  B  L  A  C  K
A  R  A  B  I  A  N
I  E  C  L  N  S  I
N  A  G  O  T  P  E
O  T  R  E  R  I  E
I  T  T  E  A  A  C
H  E  D  O  S  N  L
```

AEGEAN
ARABIAN
BALTIC
BLACK
CASPIAN
CORAL
IONIAN
NORTH
RED

23 IN THE BATHROOM

T	S	H	O	W	E	R
O	A	E	P	S	R	S
W	I	M	I	A	E	P
E	A	N	H	L	O	C
L	K	T	A	T	O	S
S	E	C	E	M	A	K
B	S	A	B	R	S	B

BATH MAT
COMB
SCALES
SHOWER
SINK
SOAP
TOWELS
WATER

BUILDING MATERIALS 24

```
K  M  D  N  G  G  P
C  A  S  N  R  L  R
I  R  L  Y  A  A  E
R  B  A  S  N  S  B
B  L  T  T  I  S  M
C  E  E  E  T  E  I
R  C  E  M  E  N  T
```

BRICK
CEMENT
CLAY
GLASS
GRANITE
MARBLE
PLASTER

SAND
SLATE
TIMBER

COMPUTER PARTS

25

D	C	A	S	E	S	E	U
S	R	S	U	C	S	P	S
C	L	A	R	U	R	W	B
A	N	E	O	I	E	S	S
N	E	M	N	B	H	L	T
N	C	T	C	T	Y	C	I
E	E	A	N	A	O	E	C
R	M	E	L	B	A	C	K

CABLE   SCANNER
CASE   SCREEN
KEYBOARD   USB STICK
MOUSE   WEBCAM
PRINTER

26

HOBBIES

W	I	D	A	F	G	G	G
R	M	A	G	O	N	N	N
I	U	N	R	O	I	I	I
T	S	C	N	T	D	M	N
I	I	E	N	B	A	M	N
N	C	I	I	A	E	I	U
G	A	N	D	L	R	W	R
P	U	Z	Z	L	E	S	R

ART
DANCE
FOOTBALL
MUSIC
PAINTING
PUZZLES

READING
RUNNING
SWIMMING
WRITING

SPEEDY WORDS 27

```
Y  H  S  P  R  I  N  T
D  R  U  D  B  O  L  T
A  R  R  R  A  C  E  A
R  U  N  U  T  S  S  Z
T  S  A  F  H  L  H  I
K  C  I  U  Q  L  E  P
R  W  G  A  L  L  O  P
S  D  I  P  A  R  T  Y
```

BOLT	QUICK
DART	RACE
DASH	RAPID
FAST	RUN
GALLOP	SPRINT
HURRY	SWIFT
HURTLE	ZIPPY

TEXTILES

```
N O L Y N C Y O
S T C K O L V F
L A L T D E E L
W I T E C A L E
S O N I F T V E
N I O E N H E C
M N A L N E T E
Y O R U D R O C
```

CORDUROY   LINEN
COTTON   NYLON
DENIM   SATIN
FELT   SILK
FLEECE   VELVET
LACE   WOOL
LEATHER

THINGS THAT SWIM ◄ 29

N	D	H	S	Q	U	I	D
I	T	I	T	H	F	F	D
U	U	G	A	O	A	O	U
G	R	O	I	M	L	R	C
N	T	D	L	P	R	S	K
E	L	A	H	W	L	E	E
P	E	I	H	S	I	F	M
S	N	S	U	R	L	A	W

DOG   SEAL
DOLPHIN   SHARK
DUCK   SLOTH
EEL   SQUID
FISH   TURTLE
MERMAID   WALRUS
PENGUIN   WHALE
PIG

30 NOISY ANIMALS

```
B C R I C K E T
W U E E K S N E
P L L U G A E S
H A E L H I L O
W Y R P F I T O
P O E R O R W G
U L L N O G O D
E X O F A T C G
```

BULLFROG
COW
CRICKET
DOG
ELEPHANT
FOX
GOOSE
HYENA
LION
PARROT

SEAGULL
TIGER
WOLF

PARTS OF A PLANT

31

```
B R A N C H E E
B T I U R F L T
T U R V A D E H
O R D E E S A O
O O U E W I F R
H O N N N O N N
S T E M K I L E
O L A T E P V F
```

BRANCH
BUD
FLOWER
FRUIT
LEAF
NEEDLE
PETAL
ROOT
SEED
SHOOT

STEM
THORN
TRUNK
VEIN
VINE

32 IN THE AQUARIUM

```
H E A T E R H S
L R G L A S S T
F A E R P E I N
O W R T A U F A
O A D O L V M L
D T M I C I E P
P E B B L E F L
E R T H G I L C
```

CORAL	LID
FILTER	LIGHT
FISH	PEBBLE
FOOD	PLANTS
GLASS	PUMP
GRAVEL	WATER
HEATER	

MAKING A CAKE

33

H	R	E	T	T	U	B	G
G	G	O	X	F	K	E	N
U	N	I	L	N	R	V	I
O	M	O	E	L	U	E	C
D	U	A	N	W	B	I	I
R	D	N	U	O	P	S	E
E	P	A	H	S	G	G	E
R	A	G	U	S	I	F	T

BUTTER   SIEVE
DOUGH   SIFT
EGGS   SUGAR
FLOUR   WEIGH
ICING
KNEAD
MIX
POUND
ROLL
RUB
SHAPE

34

HAPPY WORDS

```
D E L L I R H T
J O Y F U L P A
V L F S Y L Y L
L U F R E E H C
H L R A L Y G I
L E S I L I E C
M E M G L A D O
D S M I L I N G
```

CHEERFUL
GLAD
JOYFUL
MERRY
PLEASED
SMILEY
SMILING
THRILLED

PENCIL CASE

35

```
H G S S P R A F
A L R S R U E S
R U O E N L U N
H E S T T E E O
E A S T A R P Y
E S I A H P R A
H P C R R L E R
S A S I L E O C
```

CRAYONS
ERASER
FELT-TIPS
GLUE
PENS
RULER
SCISSORS
TAPE

DAYS OF THE WEEK

```
S  Y  A  D  S  E  U  T
Y  A  D  N  U  S  O  H
Y  F  T  R  S  M  F  U
A  A  Y  U  O  D  R  R
D  T  D  R  R  E  I  S
O  F  R  N  D  D  D  D
T  O  S  T  O  S  A  A
W  A  R  R  S  M  Y  Y
```

FRIDAY
MONDAY
SATURDAY
SUNDAY
THURSDAY
TODAY
TOMORROW
TUESDAY

JOBS

```
R M R I R M R F
T O O G E U E L
S A T O K S T O
I C I A A I I R
T T D A M C R I
R O E A Y I W S
A R T T O A N T
P I L O T N O A
```

ACTOR
ANIMATOR
ARTIST
EDITOR
FLORIST
MUSICIAN
PILOT
TOY MAKER
WRITER

38 ROOMS IN A HOUSE

```
N C E L L A R T
E B E C E L N R
H C E A I E A S
C I R D M F T H
T T Y E R U F T
I T S M D O O O
K A O Y A O O H
B A T H R O O M
```

ATTIC
BASEMENT
BATHROOM
BEDROOM
CELLAR
HALL
KITCHEN
OFFICE
STUDY

HAIRSTYLES

39

```
P  P  T  E  L     L  U  M
O  D  A  P  E  R  M  E
N  I  O  R  F  A  V  S
Y  A  W  O  T  I  P  L
T  R  A  W  H  I  B  O
A  B  V  E  K  U  N  N
I  O  E  Y  N  N  L  G
L  B  S  S  H  O  R  T
```

AFRO
BEEHIVE
BOB
BRAID
BUN
LONG
MULLET

PARTING
PERM
PONYTAIL
SHORT
SPIKY
WAVES

MAKING ART

40

```
F  S  T  N  I  A  P  N
P  E  N  C  I  L  S  O
B  R  L  O  L  N  C  B
R  A  E  T  Y  A  K  B
U  S  U  P  T  A  Y  I
S  E  L  E  A  I  R  R
H  R  G  N  B  P  P  C
S  C  I  S  S  O  R  S
```

BRUSH	PENCILS
CLAY	PENS
CRAYONS	RIBBON
ERASER	SCISSORS
FELT-TIPS	
GLUE	
INK	
PAINTS	
PAPER	

DOG COMMANDS

```
E  R  T  E  Y  A  T  S
C  O  H  E  E  L  C  B
O  L  P  S  E  A  A  T
M  L  A  M  T  R  I  C
E  O  W  C  K  S  L  E
O  V  H  H  C  T  E  F
A  E  Y  N  W  O  D  L
A  R  A  H  A  R  P  W
```

BARK   SIT
CATCH   STAY
COME
DOWN
FETCH
HEEL
PAW
ROLL OVER

42 RAINY DAY

A	L	S	H	O	W	E	R
E	L	W	T	T	O	U	T
L	O	L	A	O	O	O	L
Z	U	O	E	P	R	L	O
Z	C	R	N	R	A	M	W
I	E	W	E	U	B	E	Y
R	O	N	Q	L	T	M	W
D	T	S	P	M	A	D	U

COAT
DAMP
DOWNPOUR
DRIZZLE
SHOWER
SQUALL
STORMY

TORRENT
UMBRELLA
WET

FACIAL EXPRESSIONS 43

```
T  R  E  W  O  L  G  E
R  S  T  L  N  F  S  R
R  M  U  F  W  I  T  A
E  I  O  G  R  O  R  L
G  L  P  P  S  O  C  G
N  E  R  K  N  I  W  S
A  U  R  A  E  F  D  N
S  G  R  I  M  A  C  E
```

ANGER
DISGUST
FEAR
FROWN
GLARE
GLOWER
GRIMACE

GRIN
POUT
SCOWL
SMILE
SURPRISE
WINK

44 NIGHT SKY

Y	Y	R	U	C	R	E	M
J	A	V	E	N	U	S	R
U	Y	W	P	L	U	T	O
P	T	X	Y	N	S	I	E
I	S	E	A	K	O	A	T
T	T	R	M	L	L	O	E
E	U	O	A	O	A	I	M
R	A	T	S	M	C	G	M

COMET
GALAXY
JUPITER
MARS
MERCURY
METEOR
MILKY WAY
MOON
PLUTO

STAR
URANUS
VENUS

SAME START AND END

T	E	E	W	T	Y	B	S
G	M	D	B	L	U	O	T
E	N	L	R	T	R	P	R
P	U	A	H	E	M	R	E
B	E	T	G	U	A	A	S
Y	A	A	P	A	I	D	S
B	N	W	I	N	D	O	W
O	E	B	O	L	R	A	E

BATHTUB
BULB
DREAD
EARLOBE
GANG
OREGANO
PUMP
STRESS

TWEET
WINDOW
YEARLY

46 SNOWY DAY

```
L S L E I G H D
B L C O L D R S
O E A O G A N E
O D V B Z O L T
T E H Z W C S S
S A I M I O O K
T L A C R O N I
B N I F R A C S
```

BLIZZARD   **SLEIGH**
BOOTS   **SNOWBALL**
COLD   **SNOWMAN**
FROST
GLOVES
HAT
ICICLE
SCARF
SKIS
SLED

COLD DRINKS

47

```
I P R E J O I E
C R M H O E D I
E W E I L A N H
D C T T N O E T
T M O O A C M O
E N M L C W E O
A E A I A O N M
L K L I M E T S
```

COLA
ICED TEA
LEMONADE
MILK
SMOOTHIE
WATER

48 TRIP TO THE MOON

```
L A N D I N G K
I Y H E D T C T
F T T T G O L E
T I C I R Y C K
O B N N V A X C
F R O I P A E O
F O C S A R R R
M F L I G H T G
```

EARTH
FLIGHT
GRAVITY
LANDING
LIFT OFF
MOON ROCK
ORBIT
OXYGEN
ROCKET
SPACE

SAFARI ANIMALS

49

```
H C I R T S O A
N A H T Z L N D
O T C E A T R A
O I B F E A O N
B R F L P T I E
A U O O I M A Y
B P E B Y O H H
E L E P H A N T
```

ANTELOPE   OSTRICH
BABOON   ZEBRA
BUFFALO
CHEETAH
ELEPHANT
HYENA
LEOPARD
LION

50 CITY LANDMARKS

S	S	E	C	A	L	A	P
T	K	N	E	R	S	S	S
A	R	R	M	H	Q	R	K
T	A	H	O	U	E	L	C
I	H	P	A	W	L	T	O
O	S	R	O	C	T	O	L
N	E	T	S	R	R	R	C
S	M	U	E	S	U	M	A

ARTWORKS
CLOCKS
COLUMNS
MUSEUMS
PALACES
SHOPS
SQUARES
STATIONS
TOWERS

SUNNY DAY

I	X	L	S	H	A	D	E
S	C	A	I	E	C	U	D
C	E	E	L	G	C	I	W
H	I	E	C	E	H	A	A
C	K	N	B	R	R	T	T
A	L	R	C	M	E	E	E
E	A	B	T	I	L	A	R
B	W	H	M	D	P	O	M

BARBECUE   RELAX
BEACH   SHADE
BEES   WALK
ICE CREAM   WARMTH
LIGHT   WATER
PICNIC

52 TYPES OF HOUSE

```
E  M  H  I  A  P  M  W
L  A  S  C  G  A  O  E
T  N  F  H  N  L  G  G
S  O  C  S  A  A  O  D
A  R  I  G  T  C  R  O
C  O  N  T  H  E  K  L
N  U  O  I  D  U  T  S
B  C  H  A  L  E  T  O
```

BUNGALOW	MANOR
CASTLE	MANSION
CHALET	PALACE
COTTAGE	RANCH
HUT	SHACK
IGLOO	STUDIO
LODGE	

DRAGONS

```
T S M O K E S M
E R I F G E Y T
B I E R L T G H
E E A A H G T G
A L C I S E K I
S S C A E U S L
T A S T V L R F
L S P I K E S E
```

BEAST   SPIKES
CAVE   TEETH
EGG   TREASURE
FIRE
FLIGHT
LARGE
MYTHICAL
SCALES
SMOKE

54 WORDS FROM SPANISH

```
O B U R R I T O
R T A T S E I S
E I I M A T M T
G I G U A N A A
A A S P Q L G C
N A S L A S L O
O R E R B M O S
A V O C A D O M
```

AVOCADO
BURRITO
IGUANA
LLAMA
MOSQUITO
OREGANO
PATIO
SALSA

SIESTA
SOMBRERO
TACO
TANGO

NUMBERS

55

```
T H G I E N I N
O E V L E W T Y
E R E V I F X T
N E E T F I F N
T L R Z S F O E
E W E H E T U W
N F O R T Y R T
O E Y T R I H T
```

EIGHT	THIRTY
ELEVEN	THREE
FIFTEEN	TWELVE
FIFTY	TWENTY
FIVE	TWO
FORTY	ZERO
FOUR	
NINE	
ONE	
SIX	
TEN	

BABY ANIMALS

```
T E L G I P T W
A N E T T I K G
D U C K L I N G
Y E O J C I D B
P F O A L I M U
P N L S K A H C
U F O W L E T C
P G C Y G N E T
```

CALF	JOEY
CHICK	KID
CUB	KITTEN
CYGNET	LAMB
DUCKLING	OWLET
FOAL	PIGLET
GOSLING	PUPPY

AT THE LIBRARY

```
R K O O B E Y E
E E E G S P N V
N E T H L I B R
E E E U Z O C E
W L T A P H B S
F B G A A M R E
H A V I D E O R
M T R M U S I C
```

CHAIR   TABLE
COMPUTER   VIDEO
DATE
E-BOOK
GLOBE
MAGAZINE
MUSIC
RENEW
RESERVE
SHELF

PIRATE SHIP

```
T C A P T A I N
S R C F S O A O
R S E A L A O E
K E A A B A I L
D N D P S I G L
L E A D M U N A
O M C L U O R G
G M L K P R C E
```

CABIN
CAPTAIN
COMPASS
DECK
FLAG
GALLEON
GOLD
LOOT
MAP
PLANK
RUDDER

SAIL
TREASURE

AT THE BEACH

```
R  T  F  M  B  B  A  A
E  O  I  F  R  A  L  S
M  S  C  D  I  L  R  K
M  T  P  K  E  L  F  C
I  E  A  R  P  L  C  A
W  S  B  O  A  O  K  N
S  M  A  G  B  Y  O  S
U  S  H  E  L  L  C  L
```

BALL   SPRAY
BOAT   SWIMMER
CLIFF   TIDE
CRAB   UMBRELLA
FLAG
ROCK POOL
SHELL
SNACKS

60

LOTS OF LEGS

S	H	R	I	M	P	G	C
T	C	R	E	R	I	R	R
A	A	O	A	W	A	E	I
R	B	W	R	Y	R	T	C
F	N	A	F	P	E	S	K
I	E	I	R	S	I	B	E
S	S	A	E	C	B	O	T
H	O	A	E	T	S	L	N

CRAB   SHRIMP
CRAYFISH   STARFISH
CRICKET
EARWIG
LOBSTER
PRAWN
SCORPION

GREEK GODS

```
S  H  A  D  E  S  N  S
O  U  L  A  O  A  O  I
S  L  E  I  L  L  D  N
R  E  L  H  E  T  I  O
S  E  M  O  P  A  E  D
H  U  R  R  P  R  S  A
O  L  E  O  E  A  O  D
N  A  P  Z  S  H  P  M
```

ADONIS	POSEIDON
APOLLO	ZEUS
ATLAS	
EROS	
HADES	
HELIOS	
HERMES	
MORPHEUS	
PAN	

BREAKFAST

```
N B O A L L P T
O A R E A A O S
C P G E S M R A
A A R T A C R U
B E R T B D I S
C Y O L R R D A
F R I E D E G G
P A N C A K E E
```

BACON
BAGEL
BREAD
CEREAL
FRIED EGG
PANCAKE
PASTRY
PORRIDGE
SAUSAGE
TOMATO

FROM THE BAKERY 63

```
C O O K I E Y F
R B U N R G T U
A B R O W N I E
C Z L E I I U P
K L Z F A D C A
E T F I C D S S
R U E I P U I T
M C A K E P B Y
```

BISCUIT   PIZZA
BREAD   PUDDING
BROWNIE   ROLL
BUN
CAKE
COOKIE
CRACKER
MUFFIN
PASTY
PIE

EMOTIONS

64

D	E	L	I	G	H	T	E
S	V	W	D	R	S	S	W
F	A	N	A	W	H	O	N
F	A	D	O	Y	N	H	E
J	R	R	N	D	P	O	V
O	R	E	E	E	A	P	O
Y	S	R	S	S	E	L
S	P	R	I	D	E	S	E

AWE   WONDER
DELIGHT   WORRY
HOPE
JOY
LOVE
PRIDE
SADNESS
SHYNESS

MONTHS

```
O  Y  R  A  U  R  B  E  F
C  A  N  M  O  O  U  D  M
T  P  O  A  H  E  E  J  A
O  R  V  Y  J  C  R  U  R
B  I  E  R  E  U  A  L  C
E  L  M  M  H  C  N  Y  H
R  E  B  M  E  T  P  E  S
Y  E  E  T  S  U  G  U  A
R  Y  R  A  U  N  A  J  E
```

APRIL
AUGUST
DECEMBER
FEBRUARY
JANUARY
JULY
JUNE
MARCH
MAY
NOVEMBER
OCTOBER
SEPTEMBER

66 TYPES OF STORM

```
B L I Z Z A R D N
G I E N O L C Y C
N G N O O S N O M
L H T S E P M E T
S T O R N A D O D
E N A C I R R U H
U I N O O H P Y T
S N O W S T O R M
G G R E D N U H T
```

BLIZZARD
CYCLONE
HURRICANE
LIGHTNING
MONSOON
SNOWSTORM
TEMPEST
THUNDER

TORNADO
TYPHOON

TYPES OF ARTWORK 67

```
L I C N E P L L P
T P I L E T S A P
N O I T A M I N A
H C T E K S M D M
C P R I N T N S O
E R U T P L U C S
C O L L A G E A A
T I A R T R O P I
G N I V R A C E C
```

ANIMATION   PORTRAIT
CARVING   PRINT
COLLAGE   SCULPTURE
LANDSCAPE   SKETCH
MOSAIC
PASTEL
PENCIL

68
TELLING THE TIME

```
R S O H O U R S C
S E T U N I M L L
E R R I M O O W O
C N E H G C Q A C
O A T B K I I T K
N L R F M H D C W
D N A H R U O H I
S C U I D S N A S
E O Q S D N A H E
```

CLOCK FACE   HOURS
CLOCKWISE   MINUTES
DIAL   NUMBERS
DIGITS   QUARTER TO
HANDS   SECONDS
HOUR HAND   WATCH

THINGS THAT ARE BLUE

B	L	U	E	B	E	L	L	T
R	C	N	P	B	L	R	U	R
B	L	U	E	B	E	R	R	Y
J	C	O	A	P	Q	L	E	S
E	I	O	C	U	T	K	J	E
A	N	A	O	E	A	U	Y	A
N	O	I	C	L	A	K	N	T
S	S	R	K	E	S	N	A	E
E	E	R	I	H	P	P	A	S

BLUEBELL   SKY
BLUEBERRY   SONIC
JEANS   TURQUOISE
LAKE
NEPTUNE
OCEAN
PEACOCK
SAPPHIRE
SEA

70 THINGS THAT ARE RED

```
L R E L M O C Y Y
I D O O L B Y R Y
P R H N N P R R K
S H R D P E O E C
T U D O B R T B H
I B P N S C A P E
C A A B H E M S R
K R R U B Y O A R
C B P S U U T R Y
```

BLOOD
CHERRY
CRANBERRY
ELMO
KETCHUP
LIPSTICK
LONDON BUS
POPPY

RASPBERRY
RHUBARB
ROSE
RUBY
TOMATO

SPOOKY CREATURES 71

```
W T I R I P S M R
E I B M O Z O E P
R A E H G N R H V
E D A H S E A I A
W Z O T C N S G M
O U E R T I P H P
L R O O O O O O I
F S M N C S O S R
W A R L O C K T E
```

GHOST	SPOOK
GHOUL	VAMPIRE
MONSTER	VISION
PHANTOM	WARLOCK
SHADE	WEREWOLF
SORCERER	ZOMBIE
SPIRIT	

72 DOUBLE LETTERS

```
O N N O O L L A B
E W P A T T E R N
L O O R Y L L E J
B O B L E W T G B
B L O S L T B R U
O G O H I I T E B
W I K K C L P E B
O Y N N U S L N L
L R E T T U B Y E
```

BALLOON
BOOK
BUBBLE
BUTTER
GREEN
IGLOO
JELLY
KITTEN
LETTER
PATTERN
PILLOW
SCHOOL

SILLY
SUNNY
WOBBLE

COOKING

```
E  S  I  R  G  R  A  T  E
Z  S  S  L  E  E  P  M  E
Y  M  T  H  P  M  R  I  K
R  I  E  E  L  O  M  X  A
F  N  W  Z  A  L  H  I  B
R  C  G  S  A  M  I  C  S
I  E  T  T  C  L  A  R  G
T  K  S  I  H  W  G  S  G
S  T  O  A  S  T  E  E  H
```

BAKE	RISE
CHOP	ROAST
GLAZE	SIMMER
GRATE	STEAM
GRILL	STEW
MASH	STIR-FRY
MINCE	TOAST
MIX	WHISK
PEEL	

BODY PARTS

```
C  C  S  A  H  T  U  O  M
H  E  H  N  N  B  H  F  F
E  E  O  K  K  H  A  I  K
E  L  U  L  N  C  N  C  P
K  B  L  E  E  G  E  L  K
D  O  D  N  E  N  I  H  C
N  W  E  R  O  D  A  E  H
A  M  R  A  T  S  I  R  W
H  R  E  Y  E  S  E  E  T
```

ANKLE	HIP
ARM	KNEE
BACK	LEG
CHEEK	MOUTH
CHIN	NECK
ELBOW	NOSE
EYES	SHOULDER
FACE	TOE
FINGER	WRIST
HAND	
HEAD	

```
H A R D B A C K R
C W T K N P S H E
R O R I P A P E R
E E N I T K I A U
V G T T T L N D T
O T A P E I E I C
C E S P A N N N I
I N D E X H T G P
A U T H O R C S I
```

AUTHOR   TITLE
CHAPTER   WRITING
CONTENTS
COVER
HARDBACK
HEADING
INDEX
PAGE
PAPER
PICTURE
SPINE

76

WORDS FROM INDIA

```
B D E L G N A B V
U I C U I U M E R
N N P H J L R G A
G G O U U A A U T
A H H G N T K C A
L Y O D G C N L V
O M A R L U H E A
W H A T E E H C Y
O O P M A H S T A
```

AVATAR
BANGLE
BUNGALOW
CHEETAH
CHUTNEY
DINGHY
GURU
JUNGLE
KARMA
LILAC

MOGUL
PUNCH
SHAMPOO
THUG
VERANDA

STORY SETTINGS

R	L	A	C	I	G	A	M	A
S	I	A	C	H	E	O	D	A
O	S	A	C	I	U	T	E	I
I	N	A	E	N	T	S	S	C
E	E	A	T	H	E	C	E	Y
B	C	A	C	H	T	V	R	L
E	I	A	T	L	A	N	T	A
N	A	N	P	C	O	A	I	K
F	O	R	E	S	T	V	A	E

ARCTIC   SPACE
BEACH   VOLCANO
CAVE
DESERT
FOREST
ICY LAKE
IN THE AIR
MAGICAL
MOUNTAIN
ON THE SEA

FOOD REVIEW

G	B	I	T	T	E	R	C	S
N	Y	B	A	E	T	H	U	S
I	Y	L	S	S	E	O	T	E
L	U	A	T	W	I	W	H	L
L	M	N	Y	C	Y	S	S	E
I	M	D	I	C	A	S	D	T
F	Y	L	I	L	O	L	L	S
A	E	P	T	R	O	N	I	A
D	S	Y	G	C	I	M	M	T

BITTER
BLAND
CHEWY
COLD
DELICIOUS
FILLING
GROSS
HOT
MILD
SALTY
SPICY

SWEET
TASTELESS
TASTY
YUMMY

```
Y E N N R P H P Y
R N B O D I N R A
R I R A M N R O M
E R T A N E R U U
H E N E B A L H S
C G G P N P N C T
O N S G A P A A A
P A E M I L R E S
R T N R A E P P R
```

BANANA
CHERRY
DATE
LEMON
LIME
MANGO
ORANGE
PEACH

PEAR
PINEAPPLE
PLUM
RASPBERRY
SATSUMA
TANGERINE

80 PARTS OF A CAR

S	X	O	B	R	A	E	G	D
R	E	S	B	E	I	E	A	K
E	O	A	T	I	X	S	E	N
P	D	T	T	H	H	N	R	A
I	T	O	A	B	G	O	L	T
W	E	U	O	I	E	I	A	L
B	S	A	N	R	D	L	L	E
T	R	E	N	M	L	A	T	U
D	M	I	R	R	O	R	R	F

DASHBOARD RADIATOR
DOOR SEAT BELT
ENGINE WIPERS
EXHAUST
FUEL TANK
GEARBOX
LIGHTS
MIRROR

SHOPS

```
T Y R E K A B A T
E P C Y R U R O F
K E R A T T Y L E
M O C C M S O T C
O B H P T R P O E
R E N O I T A T S
R T R S E K E H T
P E T S T O R E P
E R O T S K O O B
```

BAKERY
BOOKSTORE
BUTCHER
FLORIST
PET STORE
PHARMACY
STATIONER
TOY STORE

82 IN THE PLAYGROUND

```
H M E T Y R T G T
O C L R W A N D U
A O T O E I O U N
W L T O W D A O N
A N R S C R D E E
S K T E I S D A L
E W U S W I P T L
E U C L L O B O P
S P W S E N T C H
```

HOPSCOTCH
LADDER
SEE-SAW
SLIDE
SWING
TOWER
TUNNEL

SHAPES

```
O N O G A X E H R
C T O S T A R E D
T Y R G E N C A I
A L L I A T L R M
G A E I A T I T A
O V T N N N K R
N O G E O D G E Y
E L C R I C E L P
E S P I L L E R E
```

CIRCLE
CONE
CYLINDER
ELLIPSE
HEART
HEXAGON
KITE
OCTAGON
OVAL

PENTAGON
PYRAMID
RECTANGLE
STAR
TRIANGLE

84 HAPPY BIRTHDAY

S	N	O	O	L	L	A	B	P
S	R	E	N	N	A	B	R	S
G	I	F	T	S	C	E	E	D
N	C	S	W	I	S	L	I	N
I	D	O	S	E	D	N	S	E
G	B	U	N	N	N	T	E	I
N	M	T	A	E	A	K	M	R
I	S	C	R	H	A	G	A	F
S	D	A	N	C	I	N	G	E

BALLOONS   HATS
BANNERS   MUSIC
BOWS   PRESENTS
CAKE   SINGING
CANDLES
DANCING
DINNER
FRIENDS
GAMES
GIFTS

PERSONAL ORNAMENTS

85

```
J T N A D N E P A
C E A B R M A E B
P U W M E A C D R
E D F E U A I U A
A N E F L L D T C
R A F K L S E S E
L B C H A I N T L
S E A R R I N G E
N L O C K E T K T
```

AMULET
BAND
BEADS
BRACELET
CHAIN
CUFFLINK
EARRING
JEWELS
LOCKET
NECKLACE

PEARLS
PENDANT
STUD
TIARA

86 FAMOUS MOUNTAINS

```
M O N T B L A N C
C E K W V E B R N
S N K M E C E T V
N I T K A I N S D
O O T N N K N E E
W K E I O T E R N
D D A O E E V E A
O R C N N I I V L
N E E S R N S E I
```

BEN NEVIS
COOK
DENALI
EVEREST
MONT BLANC
RAINIER
SNOWDON

BUILDING BLOCKS

87

```
T L T W N M E U T
A C E O I O T E C
D S E V W D A C U
N E S N E E E N R
E A S E N L R A T
T A R I M O C L S
X I O C G B C A N
E J F L H N L B O
P Y R A M I D E C
```

ARCH
ASSEMBLE
BALANCE
CONNECT
CONSTRUCT
CREATE
DESIGN
EXTEND
FIT
IDEAS

JOIN
LEVEL
MODEL
PYRAMID
TOWER

88 TYPES OF BOAT

T	T	B	T	T	H	C	A	Y
N	A	R	A	M	A	T	A	C
R	O	O	O	R	H	N	A	Y
E	B	P	B	R	G	N	L	H
P	D	K	L	E	O	E	O	G
P	E	N	A	E	S	T	D	N
I	E	U	D	Y	N	U	N	I
L	P	J	E	U	A	G	O	D
C	S	E	P	O	N	K	G	H

BARGE
CANOE
CATAMARAN
CLIPPER
DINGHY
GONDOLA
HOUSEBOAT

JUNK
KAYAK
PEDAL BOAT
PUNT
SPEEDBOAT
TUG
YACHT

WORDS FROM FRENCH

89

```
E G A L L O C C T
S L T E L L A B N
T O A D F F A H A
E R U E E G O M S
R T H V U T E S S
R C I E E N O T I
A T T L I N E U O
C T C C E T I M R
E N I H C A M R C
```

BAGUETTE
BALLET
CAFE
CHEF
CINEMA
COLLAGE
CROISSANT
DETOUR
ELITE
HOTEL
MACHINE

MENU
SOUVENIR
TERRACE

90 SILENT LETTERS

```
K E C C W R I T E
S N C W L O I I W
B C E N H I N N R
K T I E E I M K I
N B D S L I T B N
I E M R S C C E K
G D I U O O S S L
H R U O H W R U E
T G H O S T S S M
```

CLIMB

DEBT

GHOST

HOUR

KNEE

KNIGHT

KNIT

KNOW

MUSCLE

SCIENCE

SCISSORS

SWORD

THUMB

TWO

WHITE

WRINKLE

WRITE

BIRDS

```
E T C P K I T E O
T M O D U C K S H
O A U R R F T K E
U G E O R R F Y R
C P B A I A E I O
A I V C G K P W N
N E H F R L L U G
N N I U G N E P R
Y E T P I G E O N
```

DUCK	PENGUIN
EAGLE	PIGEON
EMU	PUFFIN
GULL	RAVEN
HERON	ROBIN
KITE	TOUCAN
MAGPIE	TURKEY
OSTRICH	
OWL	
PARROT	

DOUBLE-"E" WORDS

92

```
S H C R E E P E N
R C E N E E R G C
C E R E S T R E E
L P C E L F S F N
G E E S E K N W E
F E E E E N E D E
C K R K P E E B U
C H E E K E Z H Q
D E E N P E E H S
```

BEEP	NEED
CHEEK	PEEK
CREEP	QUEEN
DEEP	REEF
FREE	SCREEN
GEESE	SHEEP
GREEN	SLEEP
HEEL	SNEEZE
KNEE	TREE
LEEK	WEEK

RHYMING PAIRS

```
B T W C H W O R G
E H L E E G L H G
A G B P I H G R E
R I I L G G E E R
L N L A H A H C A
L L L Y T T H A H
H A I R G A H A S
D B T R S W O N K
D A R E G F A C E
```

BEAR   NIGHT
BILL   PLAY
CHASE   SHARE
DARE   WEIGH
FACE
GREAT
GRILL
GROW
HAIR
HEIGHT
KNOW
LATE

GAMES

```
S  E  U  T  A  T  S  E  H
S  A  A  I  Q  S  Y  N  C
E  G  S  U  D  Y  A  T  T
D  A  I  R  I  M  S  R  O
A  Z  A  S  G  S  N  I  C
R  C  P  N  T  A  O  V  S
A  Y  A  R  S  I  M  I  P
H  H  A  R  H  P  I  A  O
C  D  S  N  A  P  S  S  H
```

CARDS
CHARADES
DARTS
HANGMAN
HOPSCOTCH
I-SPY
QUIZ
SIMON SAYS
SNAP

STATUES
TAG
TRIVIA

FLOWERS

```
O D P R Y L I L C
W N A I L E C R I
S U N F L O W E R
T I N E F U S L A
Y S I A D O T L Y
S I R I R W D N A
C D I H C R O I T
A E P T E E W S L
N O I T A N R A C
```

CARNATION   ROSE
DAFFODIL   SUNFLOWER
DAISY   SWEET PEA
IRIS   TULIP
LILY
ORCHID

EXTINCT ANIMALS

```
E N I C A L Y H T
F L O W E R I D L
A N O D O T S A M
G E L M O M S C L
L A E N Y L E A A
T L S E A M I N K
H T O M M A M M Y
R A E B E V A C S
G I A N T D E E R
```

CAVE BEAR
DIRE WOLF
GIANT DEER
MAMMOTH
MASTODON
SEA MINK
SMILODON
THYLACINE

THINGS THAT ARE YELLOW

```
C H E E S E S E M
H Y A M U A R G U
I R B Y N O E G S
C A F A F L G Y T
K N N N L G G O A
D A F F O D I L R
B C D E W U D K D
P U C R E T T U B
G E S O R M I R P
```

BANANA
BUTTERCUP
CANARY
CHEESE
CHICK
DAFFODIL
DIGGERS
EGG YOLK
HAY
MUSTARD
PRIMROSE
SUNFLOWER

98
PARTS OF A CASTLE

```
D R A Y T R U O C
N T R K I U I H O
O E R A M O A T T
E P O A M P O E A
G A W P E P R C D
N R S L E R A I N
U A L T U E T R G
D P I T W C K A T
G A T E H O U S E
```

ARROW SLIT   RAMPART
CHAPEL   TURRET
COURTYARD
DITCH
DUNGEON
GATEHOUSE
KEEP
MOAT
PARAPET

ARCTIC ANIMALS

```
A S U R L A W R S
H R O E E A H A N
A E C T M C A E O
R E X T M R P B W
P D O O I O U R Y
S N K A N C F A O
E I S E G C F L W
A E U S A I I O L
L R M I H N N P X
```

ARCTIC FOX   PUFFIN
HARP SEAL   REINDEER
LEMMING   SEA OTTER
MUSK OX   SNOWY OWL
ORCA   WALRUS
POLAR BEAR

100 RIDING A BICYCLE

N	G	L	L	I	H	P	U	P
B	W	N	E	M	A	R	F	U
I	A	O	I	L	S	C	E	D
K	S	L	D	R	D	T	S	E
E	T	L	A	W	E	D	O	E
L	H	E	E	N	O	E	A	P
A	G	B	E	E	C	L	T	S
N	I	A	H	C	H	E	S	S
E	L	L	I	H	N	W	O	D

BALANCE
BELL
BIKE LANE
CHAIN
DOWNHILL
FRAME
GEARS
LIGHTS
SADDLE
SLOW DOWN

SPEED UP
STEERING
STOP
UPHILL
WHEELS

CLOTHES

```
B L O U S E S J E
T A O C F H G A O
R S S R O S N C N
I E A R A S I K O
H C T R N E G E M
S S O A I R G T I
T N E H E D E I K
G J S H A W L U I
E I D O O H S S S
```

BLOUSE
COAT
DRESS
HOODIE
JACKET
JEANS
KIMONO
LEGGINGS
SARI
SARONG

SCARF
SHAWL
SHORTS
SUIT
SWEATER
T-SHIRT

VEGETABLES

A	C	A	B	B	A	G	E	M
E	S	U	A	K	E	E	U	H
C	C	P	C	L	E	S	P	S
U	T	A	A	U	H	E	Q	I
T	N	K	R	R	M	U	L	D
T	B	O	O	R	A	B	R	A
E	M	O	I	S	O	G	E	R
L	M	S	H	N	E	T	U	R
I	L	O	C	C	O	R	B	S

ASPARAGUS   ONION
BROCCOLI   PEA
CABBAGE   RADISH
CARROT   SQUASH
CUCUMBER
KALE
LEEK
LETTUCE
MUSHROOM

ON THE FARM

```
F P O R C H A R D
G A F A R M E R T
E O R P I G D S R
C V A M A H E T A
N E I T H V H R C
E R T H R O S A T
F O A A E G U W O
C Y H B G E O S R
S H E E P C B D E
```

BARN	HARVEST
BEEHIVE	HAY
COTTAGE	ORCHARD
COW	PIG
CROP	SHED
DOG	SHEEP
FARMER	STRAW
FARMHOUSE	TRACTOR
FENCE	
GATE	
GOAT	

104 FOREST WORDS

```
S  R  F  G  E  K  A  N  S
Q  E  S  O  R  S  M  Q  I
U  D  E  R  X  A  G  N  R
I  I  E  F  E  S  S  O  M
R  P  R  R  B  E  C  S  L
R  S  T  U  C  K  D  F  S
E  S  R  T  S  D  R  I  B
L  H  S  R  E  W  O  L  F
S  E  V  A  E  L  W  O  C
```

BIRDS	MOSS
DEER	OWL
FLOWERS	ROCKS
FOX	SHRUBS
FROG	SNAKE
GRASS	SPIDER
INSECTS	SQUIRRELS
LEAVES	STREAM
LOGS	TREES

105 GOING SWIMMING

```
I F E L E S S O N S
N P O O L S H O E S
F S T S E L G G O G
L O O P H S A L P S
A F L O A T E S O D
T E L D O O N N N R
A S H O W E R S A P
B L E K R O N S O L
L D R A U G E F I L
E D I L S R E T A W
```

FLOAT
GOGGLES
INFLATABLE
LANES
LESSONS
LIFEGUARD
NOODLE
POOL SHOES
SHOWERS

SNORKEL
SPLASH POOL
WATER SLIDE

TYPES OF CHEESE

```
N R R A D D E H C C
A E R E Y U R G A R
S T I L T O N E I A
E S E D A M R C D B
M E M F E P O U R L
R C L Y H T O I T D
A U N I T G E R E R
P O L A T N E M M E
A L O Z N O G R O G
Y G C H E S H I R E
```

BRIE
CAERPHILLY
CHEDDAR
CHESHIRE
EDAM
EMMENTAL
FETA
GLOUCESTER
GORGONZOLA

GOUDA
GRUYERE
PARMESAN
RICOTTA
STILTON

IN THE JUNGLE

```
P L A N T S S F M N
R A I N N R L S O O
I S I R E O Y T S I
V V E D W E S L S S
E F I E K E L I T E
R P R N R I A Z C S
S S O O E T M A E D
U M F E I S I R S R
Y P O N A C N D N I
S E V A E L A S I B
```

ANIMALS	NOISES
BIRDS	PLANTS
CANOPY	RAIN
FERNS	RIVERS
FLOWERS	SPIDERS
FOREST	TREES
INSECTS	VINES
LEAVES	
LIZARDS	
MONKEYS	
MOSS	

SHADES OF ORANGE

```
A E P P P Y A I A O
P N U O G I M A R E
R O M R E Y P A N P
I L P G N R N I T H
C E K P Y G R Y O C
O M I E E E U T R A
T T N P G A C R R E
E R E N A R R P A P
P E A C G E O A C L
L T C A Y A P A P A
```

APRICOT
CARROT
MELON
ORANGE PEEL
PAPAYA
PEACH
PUMPKIN
TANGERINE

DESSERTS

```
E K A C T O R R A C
I K B E E I E F H C
P I A I L F A E E E
Y N A C A F E L I I
R R I R T S F P S N
R E I F E I E A K W
E A I C F L U C W O
H O A R P U I R R R
C K K P A N M A F B
E K A C E G N O P S
```

APPLE PIE   MUFFIN
BROWNIE   SPONGE CAKE
CARROT CAKE   WAFFLE
CHEESECAKE
CHERRY PIE
FRUITCAKE

SPRING WORDS

```
S T O O H S W E N C
R S C H T W O R G B
O E A E A S T E R U
O S L I D O F F A D
D U V S P I L U T S
T C E U O S B M A L
U O S F L O W E R S
O R S S E V A E L G
E C M O S S O L B G
G R E E N E R Y A E
```

BLOSSOM	NEW SHOOTS
BUDS	OUTDOORS
CALVES	TADPOLES
CROCUSES	TULIPS
DAFFODILS	
EASTER	
EGGS	
FLOWERS	
GREENERY	
GROWTH	
LAMBS	
LEAVES	

111

BREEDS OF DOG

```
R L A B R A D O R C
G E O B U E P N N H
R S V V E O X A R I
E E A E O A I O C H
Y T I D I T G O B U
H T L R A R L L Y A
O E G M R L T K E H
U R L U I E S E S U
N A E E P U T G R A
D D A C H S H U N D
```

BEAGLE
BOXER
CHIHUAHUA
COLLIE
DACHSHUND
DALMATIAN
GREYHOUND
HUSKY
LABRADOR
POODLE

PUG
RETRIEVER
SETTER
TERRIER

```
E O N I A L L I V R
N R R F E U C S E R
D O U E A L K R T E
C D G T H I E R R H
N R Q A N C R R O C
I A U G R E T Y L A
L Z E O W D V I L S
B I S O E S E D W T
O W T H G I N K A L
G S S E C N I R P E
```

ADVENTURE	QUEST
CASTLE	RESCUE
DRAGON	SORCERER
FAIRY	TOWER
GOBLIN	TROLL
HERO	VILLAIN
KING	WITCH
KNIGHT	WIZARD
PRINCESS	

113 WEATHER WORDS

```
R E D N U H T S I M
B S S U N S H I N E
S R L D R I Z Z L E
T L E U C E G W E D
O S E E S D U O L C
R L Z E Z H O B M D
M A T S T E L N N S
H L I G H T N I N G
T S O R F E W A H T
T F S N O W B R N H
```

BREEZE
CLOUDS
DEW
DRIZZLE
FOG
FROST
HAZE
ICE
LIGHTNING
MIST
RAINBOW
SLEET

SLUSH
SMOG
SNOW
STORM
SUNSHINE
THAW
THUNDER
WIND

HELP THE ENVIRONMENT

P	W	E	D	A	E	S	E	D	S
C	L	P	R	U	F	L	A	O	R
G	S	A	S	E	C	E	L	N	E
E	O	K	N	Y	U	A	E	T	T
C	A	B	C	T	R	S	E	L	A
U	B	E	Y	P	T	L	E	I	W
D	R	I	O	B	R	R	A	T	E
E	T	W	T	C	I	G	E	T	V
R	E	O	O	R	A	K	A	E	A
R	W	A	L	K	A	O	E	R	S

DON'T LITTER
GO BY BIKE
PLANT TREES
RECYCLE
REDUCE
REUSE
SAVE WATER
SOLAR POWER
WALK

ALL ABOUT SUPERHEROES

115

```
R V I L L A I N A E
N A M U H R E P U S
K E S G H M A S K N
N C O E U G E G E A
E O I T C N U N C I
D P S K I R E O I D
N O A O E M E R T R
C W R C Y D H T S A
R E S C U E I S U U
H R H E R O E S J G
```

CAPE   RESCUE
COSTUME   SECRET
ENEMY   SIDEKICK
GOOD   STRONG
GUARDIAN   SUPERHUMAN
HEROES   TOUGH
HEROINES   VILLAIN
JUSTICE
MASK
POWER

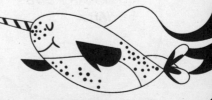

KINGS AND QUEENS 116

```
V A C C I D U O B A
I H C A N U T E I R
C E T I J R D T I T
T G N E E O I C E A
O R M B B T H D D P
R O G A R A N N E O
I E G E R U Z D R E
A G F D M Y G I F L
V E E D W A R D L C
N S E L R A H C A E
```

ALFRED	EGBERT
ANNE	ELIZABETH
BOUDICCA	GEORGE
CANUTE	JOHN
CHARLES	MARY
CLEOPATRA	NEFERTITI
EDGAR	RICHARD
EDMUND	VICTORIA
EDWARD	

```
T  C  U  D  O  R  P  S  T  H
D  I  S  N  E  T  U  H  E  Y
I  T  M  A  S  B  O  T  L  T
V  N  I  E  T  U  A  P  E  I
I  U  N  R  S  L  I  Q  D  T
D  O  A  A  U  T  U  D  D  N
E  C  N  C  L  A  A  I  E  A
T  D  L  U  L  L  G  B  M  U
S  A  M  S  T  I  N  U  L  Q
C  N  A  H  T  S  S  E  L  E
```

ADD	ONES
AREA	PRODUCT
CALCULATE	QUANTITY
COUNT	SUBTRACT
DIGIT	SUM
DIVIDE	TENS
EQUALS	THOUSANDS
LESS THAN	TIMES TABLE
MULTIPLY	UNITS

MACHINES

```
P R E C I U J R O R
C L R C A U O R E E
O E A M C T C K P W
M A T M C C A R P O
P P R A I M R R O M
U O R E A N I T E N
T T T T M N A H N W
E R S R T A U T C A
R A O E S I C U O L
P C R C C R A O T R
```

CAMERA
COMPUTER
JUICER
LAMINATOR
LAWNMOWER
PASTA MAKER
PRINTER
TRACTOR

119

TROPICAL ISLAND

```
T E N I H S N U S B
E S E E R T M L A P
S F E E R L A R O C
I D A R E S C N O N
D D R V O T A C I O
A H O A I F O N C O
R C E M Z N N E D G
A A R A U I A I A A
P E O T T N L S A L
H B I R D S O N G R
```

BEACH
BIRDSONG
COCONUT
CORAL REEF
COVE
HEAT
HERMIT CRAB
LAGOON
LIZARDS
OCEAN
PALM TREE
PARADISE

RAINFOREST
SAND
SUNSHINE

CAPITAL CITIES

120

```
A  I  B  O  R  I  A  N  B  L
A  D  M  E  P  O  E  H  U  S
O  R  D  A  R  W  E  X  D  L
O  G  R  I  D  L  E  T  A  E
L  I  A  E  S  M  I  K  P  S
S  C  L  I  B  A  S  N  E  S
O  H  N  O  T  N  B  A  S  U
I  K  U  A  I  N  A  A  T  R
I  R  O  M  E  O  A  C  B  B
G  M  A  D  R  E  T  S  M  A
```

ADDIS ABABA
AMSTERDAM
BERLIN
BRUSSELS
BUDAPEST
CAIRO
CANBERRA
HELSINKI
LUXEMBOURG

MINSK
NAIROBI
NEW DELHI
OSLO
PARIS
ROME
SANTIAGO

P	E	G	H	C	T	I	L	T	B
E	P	T	N	N	A	A	B	U	E
G	L	T	E	I	N	N	G	T	E
K	T	T	S	T	K	S	O	T	T
C	I	H	E	T	P	K	I	P	P
O	O	R	E	R	A	S	E	P	Y
M	N	S	A	R	P	K	E	R	R
M	I	Y	O	M	M	G	E	S	T
A	T	P	A	G	S	O	S	P	A
H	E	C	I	A	T	T	S	H	M

BUG SPRAY
CAMPSITE
CANOPY
HAMMOCK
LANTERN
MAT
PEGS

ROPE
STAKE
TENT
THERMOS
TREKKING

OLYMPIC SPORTS

```
B S I N N E T L A L
F A B N T Y O T L G
L G S A E N H A N G
O N R K G L B I N N
G A C J E Y L I M I
K O U T E T M S Y L
H M I L S M B B L I
P C L E I F G A I A
S O R W J U D O L S
V W S U R F I N G L
```

ATHLETICS   TENNIS
BASKETBALL   VOLLEYBALL
GOLF   WRESTLING
HOCKEY
JUDO
KARATE
LONG JUMP
RUGBY
SAILING
SURFING
SWIMMING

FISH IN THE SEA

H	A	D	D	O	C	K	M	I	H
A	S	S	E	A	H	O	R	S	E
L	S	I	R	T	N	H	I	H	R
I	E	H	F	K	R	F	R	S	E
B	R	R	F	N	T	O	N	I	D
U	K	I	E	O	W	A	U	F	N
T	S	R	R	K	P	O	E	T	U
H	U	R	A	P	C	L	L	A	O
I	A	N	E	H	O	A	O	C	L
P	W	R	A	S	S	E	M	M	F

CATFISH
CLOWNFISH
FLOUNDER
HADDOCK
HALIBUT
MACKEREL
MONKFISH
PARROTFISH
SEAHORSE

SHARK
SNAPPER
SOLE
TROUT
TUNA
WRASSE

SOCCER GAME

```
Y  T  L  A  N  E  P  R  O  E
W  H  I  S  T  L  E  H  F  E
E  B  A  L  L  D  A  R  F  R
L  M  F  F  N  L  D  I  S  E
A  T  W  E  F  Y  D  I  I  F
O  E  F  T  A  E  L  T  D  E
G  E  I  S  T  R  I  K  E  R
D  M  K  C  I  K  E  E  R  F
E  T  U  T  I  T  S  B  U  S
M  I  D  F  I  E  L  D  T  E
```

BALL
DEFENDER
FREE KICK
GOAL
HALF TIME
MIDFIELD
OFFSIDE
PENALTY
REFEREE
STRIKER
SUBSTITUTE
WHISTLE

125 GARDEN CREATURES

```
W R E G D A B L R R
Y O R A B B I T E Y
G L O B E Z M L L L
X O F D A O T F M E
R O H R L E N G O R
E S D E E O T U U R
D K N B G T U L S I
I O A A I D T S E U
P T R N I R E U E Q
S D T T S L D H B S
```

ANT
BADGER
BAT
BEETLE
BIRD
BUTTERFLY
DRAGONFLY
FOX
HEDGEHOG
LIZARD
MOLE
MOUSE

RABBIT
SLUG
SNAIL
SNAKE
SPIDER
SQUIRREL
TOAD
WOODLOUSE

IN THE CLASSROOM 126

```
S B A C K P A C K D
W T P W E G A S R B
R A A N O L E A R O
M E C T E D O P R O
F I T N I B N E R K
L L D U E O H I E C
E A E T P C N D W A
R H I H A M C E A S
A H L E S S O N R E
W K T R I A H C D Y
```

BACKPACK   STATIONERY
BOOKCASE   TEACHER
CALENDAR   WHITEBOARD
CHAIR   WINDOW
COMPUTER
DESK
DRAWER
LESSON
MAP
PEG
PENCIL
SHELF

127

FICTIONAL CATS

M	M	U	F	A	S	A	U	A	E
O	S	N	H	A	Y	T	B	A	S
G	A	S	B	T	A	A	C	Y	T
Y	L	M	O	B	I	S	L	N	I
C	I	H	B	I	E	V	A	A	A
S	A	Y	R	P	E	L	M	A	N
A	S	L	A	S	S	M	S	N	B
A	T	L	T	A	V	O	C	B	F
Y	C	E	I	A	A	S	S	O	G
H	R	P	N	U	A	T	Y	E	A

ASLAN
MOG
MUFASA
NALA
SIMBA
SYLVESTER
TABBY

IT'S A VEHICLE

```
X E R N D M A R T T
A K R T R U C K T R
M I O S R T O I E C
B B T U C N T Z C R
U R C B A O O R B I
L O A V V D O C K X
A T R B L L E T O A
N O T L L X R O E T
C M U H C A O C L R
E B E L C Y C I B R
```

AMBULANCE   TRAM
BICYCLE   TRUCK
BULLDOZER   VAN
BUS
COACH
MOTORBIKE
SCOOTER
TAXI
TRACTOR

MUSICAL INSTRUMENTS

E	N	O	B	M	O	R	T	H	E
N	E	L	T	L	X	S	A	N	L
O	R	N	L	E	R	R	I	A	G
H	N	E	O	G	P	R	A	G	N
P	C	I	C	H	U	M	B	R	A
O	I	O	L	O	P	I	U	O	I
X	P	A	B	O	R	O	T	R	R
A	I	M	N	O	I	D	L	A	T
S	A	R	N	O	E	V	E	Y	R
T	E	N	I	R	A	L	C	R	X

CELLO
CLARINET
GUITAR
HARP
OBOE
ORGAN
PIANO
RECORDER
SAXOPHONE
TAMBOURINE
TRIANGLE

TROMBONE
TRUMPET
TUBA
VIOLIN
XYLOPHONE

```
S  M  L  E  K  O  J  K  T  U
A  N  L  Y  S  A  A  N  N  E
S  I  E  A  A  P  E  D  T  T
S  A  T  S  T  M  E  A  A  A
E  L  U  T  M  R  B  N  L  L
R  P  I  O  S  E  N  A  L  K
T  X  C  T  D  A  R  G  U  E
N  E  A  T  S  P  E  A  K  N
I  N  N  E  T  S  I  L  S  T
D  S  O  D  I  S  C  U  S  S
```

ARGUE
ASSERT
COMMENT
DEBATE
DISCUSS
EXPLAIN
JOKE
LISTEN
SAY
SPEAK

TALK
TELL
UNDERSTAND

COUNTRIES

```
L I T H U A N I A R
A U S T R A L I A D
A I X Z K B S C I N
I I R E R O S A R A
S G N A M A I M E L
Y Y Z A G B A D G N
A I L A M L O C I E
L I D A T O U U N E
A A Z A S R R B R R
M A L A M E T A U G
```

AUSTRALIA
BRAZIL
BULGARIA
CUBA
GREENLAND
GUATEMALA
KENYA
LITHUANIA
LUXEMBOURG
MADAGASCAR
MALAYSIA
MALTA

NIGERIA
ROMANIA
SOMALIA
ZAMBIA

1

```
S  S  O  E  T  L
M  T  C  E  O  E
E  A  T  U  U  L
L  S  E  E  C  L
L  T  H  U  H  T
H  E  A  R  E  A
```

2

```
L  I  S  E  C  G
E  R  T  T  O  O
A  O  E  I  P  L
D  N  E  N  P  D
S  I  L  V  E  R
Z  I  N  C  R  O
```

3

```
H  S  P  L  A  T
I  Q  U  A  C  K
C  U  C  K  O  O
C  I  Z  O  O  M
U  S  L  O  S  H
P  H  W  O  O  F
```

4

```
J  U  I  C  E  F
K  N  I  F  E  O
P  L  A  T  E  R
S  P  O  O  N  K
S  A  U  C  E  R
W  A  T  E  R  E
```

5

```
Y  E  L  L  O  W  R
B  P  O  B  L  U  E
L  U  R  R  W  G  D
A  R  A  O  H  R  P
C  P  N  W  I  E  I
K  L  G  N  T  E  N
L  E  E  N  E  N  K
```

6

```
M  R  A  B  B  I  T
O  D  C  A  T  B  S
U  O  F  F  I  S  H
S  G  E  R  B  I  L
E  L  I  Z  A  R  D
H  A  M  S  T  E  R
B  U  P  O  N  Y  M
```

7

8

9

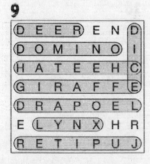

10

11

12

13

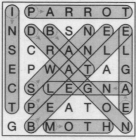

14

15

16

17

18

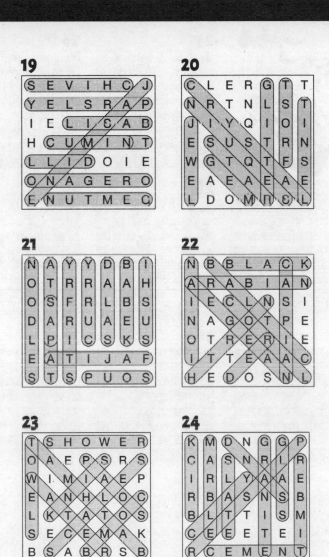

19

S	E	V	I	H	C	J
Y	E	L	S	R	A	P
I	E	L	I	C	A	D
H	C	U	M	I	N	T
L	L	I	D	O	I	E
O	N	A	G	E	R	O
E	N	U	T	M	E	C

20

C	L	E	R	G	T	T
N	R	T	N	L	S	T
J	I	Y	Q	I	O	I
E	S	U	S	T	R	N
W	G	T	Q	T	F	S
E	A	E	A	E	A	E
L	D	O	M	U	C	L

21

N	A	Y	Y	D	B	I
O	T	R	R	A	A	H
O	S	F	R	L	B	S
D	A	R	U	A	E	U
L	P	I	C	S	K	S
E	A	T	I	J	A	F
S	T	S	P	U	O	S

22

N	B	B	L	A	C	K
A	R	A	B	I	A	N
I	E	C	L	N	S	I
N	A	G	O	T	P	E
O	T	R	E	R	I	E
I	T	T	E	A	A	C
H	E	D	O	S	N	L

23

T	S	H	O	W	E	R
O	A	E	P	S	R	S
W	I	M	I	A	E	P
E	A	N	H	L	O	C
L	K	T	A	T	O	S
S	E	C	E	M	A	K
B	S	A	B	R	S	B

24

K	M	D	N	G	G	P
C	A	S	N	R	I	R
I	R	L	Y	A	A	E
R	B	A	S	N	S	B
B	L	T	T	I	S	M
C	E	E	E	T	E	I
R	C	E	M	E	N	T

25

```
D C A S E S E U
S R S U C S P S
C L A R U R W B
A N E O I E S S
N E M N B H L T
N C T C T Y C I
E E A N A O E C
R M E L B A C K
```

26

```
W I D A F G G G
R M A G O N N N
I U N R O I I I
T S C N T D M N
I I E N B A M N
N C I I A E I U
G A N D L R W R
P U Z Z L E S R
```

27

```
Y H S P R I N T
D R U D B O L T
A R R R A C E A
R U N U T S S Z
T S A F H L H I
K C I U Q L E P
R W G A L L O P
S D I P A R T Y
```

28

```
N O L Y N C Y O
S T C K O L V F
L A L T D E E L
W I T E C A L E
S O N I F T V E
N I O E N H E C
M N A L N E T E
Y O R U D R O C
```

29

```
N D H S Q U I D
I T I T H F F D
U U G A O A O U
G R O I M L R C
N T D L P R S K
E L A H W L E E
P E I H S I F M
S N S U R L A W
```

30

```
B C R I C K E T
W U E E K S N E
P L L U G A E S
H A E L H I L O
W Y R P F I T O
P O E R O R W G
U L L N O G O D
E X O F A T C G
```

31

```
B R A N C H E E
B T I U R F L T
T U R V A D E H
O R D E E S A O
O O U E W I F R
H O N N N O N N
S T E M K I L E
O L A T E P V F
```

32

```
H E A T E R H S
L R G L A S S T
F A E R P E I N
O W R T A U F A
O A D O L V M L
D T M I C I E P
P E B B L E F L
E R T H G I L C
```

33

```
H R E T T U B G
G G O X F K E N
U N I L N R V I
O M O E L U E C
D U A N W B I E
R D N U O P S E
E P A H S G G E
R A G U S I F T
```

34

```
D E L L I R H T
J O Y F U L P A
V L F S Y L Y L
L U F R E E H C
H L R A L Y G I
L E S I L I E C
M E M G L A D O
D S M I L I N G
```

35

```
H G S S P R A F
A L R S R U E S
R U O E N L U N
H E S T T E E O
E A S T A R P Y
S I A H P R A R
H P C R R L E R
S A S I L E O C
```

36

```
S Y A D S E U T
Y A D N U S O H
Y F T R S M F U
A A Y U O D R R
D T D R R E I S
O F R N D D D D
U O S T O S A A
W A R R S M Y Y
```

37

```
R M R I R M R F
T O O G E U E L
S A T O K S T O
I C I A A I I R
T T D A M C R I
R O E A Y I W S
A R I T O A N I
P I L O T N O A
```

38

```
N C E L L A R T
E B E C E L N R
H C E A I E A S
C I R D M F T H
I T Y E R U F T
K A O Y A U O H
B A T H R O O M
```

39

```
P P T E L L U M
O D A P E R M E
N I U R F A V S
Y A W O T I P L
I H A W H I B U
A B V E K U N N
I O F Y N N L G
L B S S H O R T
```

40

```
F S T N I A P N
P E N C I L S O
B H L O L N C B
R A E T Y A K B
U S U P I A Y I
S E L E A I R B
H R G N B P P C
S C I S S O R S
```

41

```
E R T E Y A T S
C O H E E L C B
O L P S E A A I
L A M T R I C
E U W L K S L E
O V H H C T E F
A E Y N W O D L
A R A H A R P W
```

42

```
A L S H O W E R
E L W T T O U T
L O L A O O O L
Z U O E P R L O
Z C R N R A M W
I E W E U B E Y
R O N Q L T M W
D T S P M A D U
```

43

```
T R E W O L G E
R S T L N F S R
R M U F W I T A
E I O G R O R L
G L P P S O C G
N E R K N I W S
A U R A E F D N
S G R I M A C E
```

44

```
Y Y R U C R E M
J A V E N U S R
U Y W P L U T O
P T X Y N S I E
I S E A K O A T
E U O A O A I M
R A T S M C G M
```

45

```
T E E W T Y B S
G M D B L U O T
E N L R T R P R
P U A H E M R E
B E T G U A A S
Y A A P A I D S
B N W I N D O W
O E B O L R A E
```

46

```
L S L E I G H D
B L C O L D R S
O E A O G A N E
O D V B Z O L T
T E H Z W C S S
S A I M I O O K
T L A C R O N I
B N I F R A C S
```

47

```
I P R E J O I E
C R M H O E D I
E W E I L A N H
D C T T N O E T
T M O O A C M O
E N M L C W E O
A E A I A O N M
L K L I M E T S
```

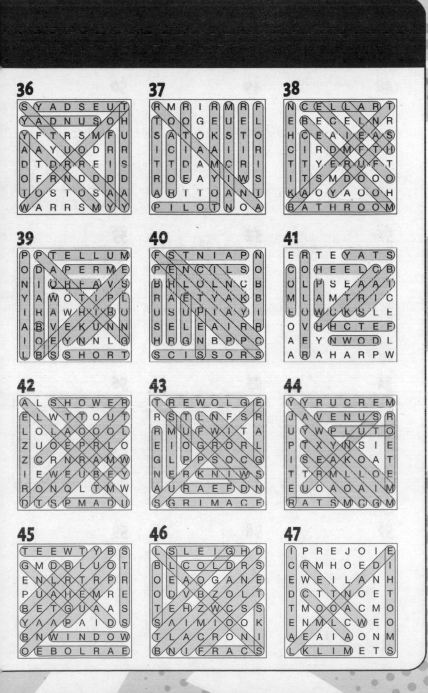

GETTING TRICKIER

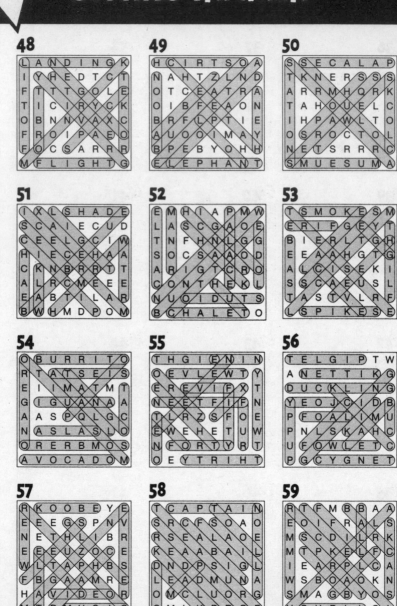

48
```
L A N D I N G K
I Y H E D T C T
F T T T G O L E
T I C I R Y C K
O B N N V A X C
F R O I P A E O
F O C S A R R R
M F L I G H T G
```

49
```
H C I R T S O A
N A H T Z L N D
O T C E A T R A
O I B F E A O N
B R F L P T I E
A U O O I M A Y
B P E B Y O H H
E L E P H A N T
```

50
```
S S E C A L A P
T K N E R S S S
A R R M H O R K
T A H O U E L C
I H P A W L T O
O S R O C T O L
N E T S R R R C
S M U E S U M A
```

51
```
I X L S H A D E
S C A I E C U D
C E E L G C I W
H I E C E H A A
C K N B R R B T
A L R C M E E E
E A B T I L A R
B W H M D P O M
```

52
```
E M H I A P M W
L A S C G A O E
T N F H N L G G
S O C S A A O D
A R I G T C R O
C O N T H E K L
N U O I D U T S
B C H A L E T O
```

53
```
T S M O K E S M
E R I F G E Y T
B I E R L T G H
E E A A H G T G
A L C I S E K I
S S C A E U S L
T A S T V L R F
L S P I K E S E
```

54
```
O B U R R I T O
R T A T S E I S
E I I M A T M T
G I G U A N A A
A A S P Q L G C
N A S L A S L O
O R E R B M O S
A V O C A D O M
```

55
```
T H G I E N I N
O E V L E W T Y
E R E V I F X T
N E X T F I I N
T L R Z S F O E
E W E H E T U W
N F O R T Y R T
O E Y T R I H T
```

56
```
T E L G I P T W
A N E T T I K G
D U C K L I N G
Y E O J C I D B
P F O A L I M U
P N L S K A H C
U F O W L E T C
P G C Y G N E T
```

57
```
R K O O B E Y E
E E E G S P N V
N E T H L I B R
E E E U Z O C E
W L T A P H B S
F B G A A M R E
H A V I D E O R
M T R M U S I C
```

58
```
T C A P T A I N
S R C F S O A O
R S E A L A O E
K E A A B A I L
D N D P S I G L
L E A D M U N A
O M C L U O R G
G M L K P R C E
```

59
```
R T F M B B A A
E O I F R A L S
M S C D I L R K
M T P K E L F C
I E A R P L C A
W S B O A O K N
S M A G B Y O S
U S H E L L C L
```

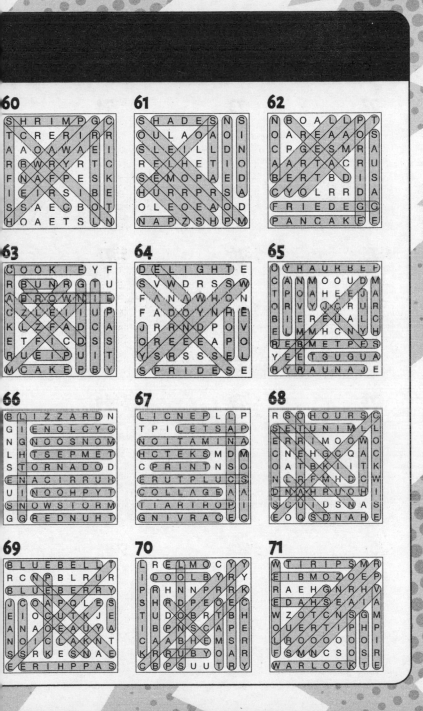

GETTING TRICKIER

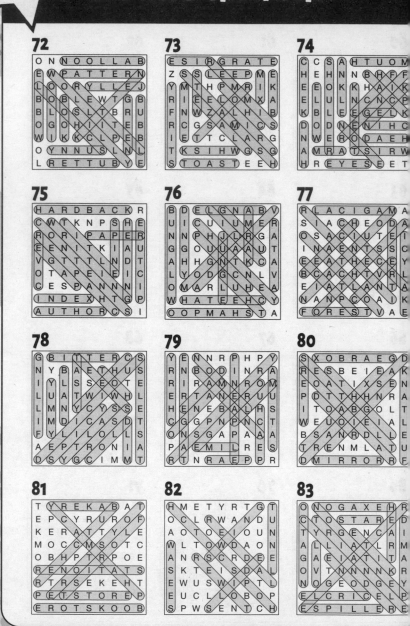

72

O	N	N	O	O	L	L	A	B
E	W	P	A	T	T	E	R	N
L	O	O	R	Y	L	L	E	J
B	O	B	L	E	W	T	G	B
B	L	O	S	L	T	B	R	U
O	G	O	H	I	I	T	E	B
W	I	K	K	C	L	P	E	B
O	Y	N	N	U	S	L	N	L
L	R	E	T	T	U	B	Y	E

73

E	S	I	R	G	R	A	T	E
Z	S	S	L	E	E	P	M	E
Y	M	T	H	P	M	R	I	K
R	I	E	E	L	O	M	X	A
F	N	W	Z	A	L	H	I	B
R	C	G	S	A	M	I	C	S
I	E	T	T	C	L	A	R	G
T	K	S	I	H	W	G	S	G
S	T	O	A	S	T	E	E	H

74

C	C	S	A	H	T	U	O	M
H	E	H	N	N	B	H	F	F
E	E	O	K	K	H	A	I	K
E	L	U	L	N	C	N	C	P
K	B	L	E	E	G	E	L	K
D	O	D	N	E	N	I	H	C
N	W	E	R	O	D	A	E	H
A	M	R	A	T	S	I	R	W
H	R	E	Y	E	S	E	E	T

75

H	A	R	D	B	A	C	K	R
C	W	T	K	N	P	S	H	E
R	O	R	I	P	A	P	E	R
E	E	N	I	T	K	I	A	U
V	G	T	T	T	L	N	D	T
O	T	A	P	E	I	E	I	C
C	E	S	P	A	N	N	N	I
I	N	D	E	X	H	T	G	P
A	U	T	H	O	R	C	S	I

76

B	D	E	L	G	N	A	B	V
U	I	C	U	I	U	M	E	R
N	N	P	H	J	L	R	G	A
G	A	O	U	U	A	A	U	T
A	H	G	N	T	K	C	A	C
L	Y	O	D	G	C	N	L	V
O	M	A	R	L	U	H	E	A
W	H	A	T	E	E	H	C	Y
O	O	P	M	A	H	S	T	A

77

R	L	A	C	I	G	A	M	A
S	I	A	C	H	E	O	D	A
O	S	A	C	I	U	T	E	I
I	N	A	E	N	T	S	S	C
E	E	A	T	H	E	C	E	Y
B	C	A	C	H	T	V	R	L
E	I	A	T	L	A	N	T	A
N	A	N	P	C	O	A	I	K
F	O	R	E	S	T	V	A	E

78

G	B	I	T	T	E	R	C	S
N	Y	B	A	E	T	H	U	S
I	Y	L	S	S	E	O	T	E
L	U	A	T	W	I	W	H	L
L	M	N	Y	C	Y	S	S	E
I	M	D	I	C	A	S	D	T
F	Y	L	I	L	O	L	L	S
A	E	P	T	R	O	N	I	A
D	S	Y	G	C	I	M	M	T

79

Y	E	N	N	R	P	H	P	Y
R	N	B	O	D	I	N	R	A
R	I	R	A	M	N	R	O	M
E	R	T	A	N	E	R	U	U
H	E	N	E	B	A	L	H	S
C	G	G	P	N	P	N	C	T
O	N	S	G	A	P	A	A	A
P	A	E	M	I	L	R	E	S
R	T	N	R	A	E	P	P	R

80

S	X	O	B	R	A	E	G	D
R	E	S	B	E	I	E	A	K
E	O	A	T	I	X	S	E	N
P	D	T	T	H	H	N	R	A
I	T	O	A	B	G	O	L	T
W	E	U	O	X	I	E	I	A
B	S	A	N	R	D	L	L	E
T	R	E	N	M	L	A	T	U
D	M	I	R	R	O	R	R	F

81

T	Y	R	E	K	A	B	A	T
E	P	C	Y	R	U	R	O	F
K	E	R	A	T	T	Y	L	E
M	O	C	C	M	S	O	T	C
O	B	H	P	T	R	P	O	E
R	E	N	O	I	T	A	T	S
R	T	R	S	E	K	E	H	T
P	E	T	S	T	O	R	E	P
E	R	O	T	S	K	O	O	B

82

H	M	E	T	Y	R	T	G	T
O	C	L	R	W	A	N	D	U
A	O	T	O	E	I	O	U	N
W	L	T	O	W	D	A	O	N
A	N	R	S	C	R	D	E	E
S	K	T	E	I	S	D	A	L
E	W	U	S	W	I	P	T	L
E	U	C	L	L	O	B	O	P
S	P	W	S	E	N	T	C	H

83

O	N	O	G	A	X	E	H	R
C	T	O	S	T	A	R	E	D
T	Y	R	G	E	N	C	A	I
A	L	L	I	A	T	L	R	M
G	A	E	I	A	T	I	T	A
O	V	T	N	N	N	N	K	R
N	O	G	E	O	D	G	E	Y
E	L	C	R	I	C	E	L	P
E	S	P	I	L	L	E	R	E

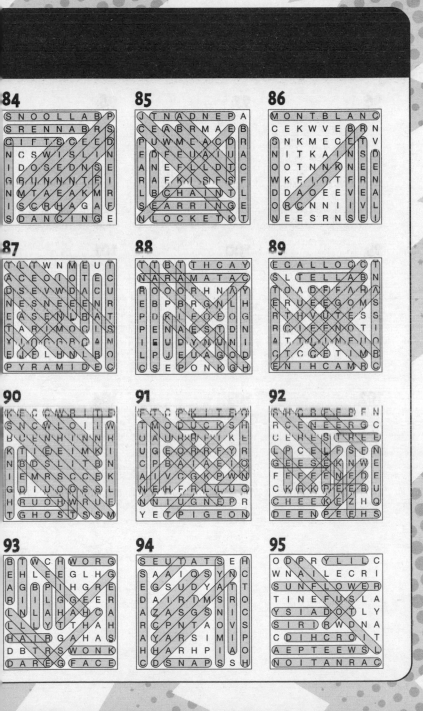

96

```
E N I C A L Y H T
F L O W E R I D L
A N O D O T S A M
G E L M O M S C L
L A E N Y L E A A
T L S E A M I N K
H T O M M A M M Y
R A E B E V A C S
G I A N T D E E R
```

97

```
C H E E S E S E M
H Y A M U A R G U
I R B Y N O E G S
C A F A F L G Y T
K N N N L G G O A
D A F F O D I L R
B C D E W U D K D
P U C R E T T U B
G E S O R M I R P
```

98

```
D R A Y T R U O C
N T R K I U I H O
O E R A M O A T T
E P O A M P O E A
A W P E P R C D
N R S L E R A I N
U A L T U E T R G
D P I T W C K A T
G A T E H O U S E
```

99

```
A S U R L A W R S
H R O E E A H A N
A E C T M C A E O
R E X T M R P B W
P D O O I O U R Y
S N K A N C F A O
E I I S E G C F L W
A E U S A I I O L
L R M I H N N P X
```

100

```
N G L L I H P U P
B W N E M A R F U
I A O I L S C E D
K S L D R D T S E
E T L A W E D O E
L H E E N O E A P
A G B E E C L T S
N I A H C H E S S
E L L I H N W O D
```

101

```
B L O U S E S J E
T A O C F H G A O
R S S R O S N K N
I E A R A S I E O
H C T R N E G T M
S S O A I R G U I
T N E H E D E I K
G J S H A W L U S
E I D O O H S S S
```

102

```
A C A B B A G E M
E S U A K E E U H
C C P C L E S P S
U T A A U H E Q I
T N K R R M U L D
T B O O R A B R A
M O I S O G E R
L M S H N E T U R
I L O C C O R B S
```

103

```
F P O R C H A R D
G A F A R M E R T
E O R P I G D S R
C V A M A H E T A
N E I T H V H R C
E R T H R O S A T
F O A A E G U W O
C Y H B G E O S R
S H E E P C B D E
```

104

```
S R F G E K A N S
Q E S O R S M Q I
U D E R X A G N R
I I E F E S S O M
R P R R B E C S L
R S T U C K D F S
E S R T S D R I B
L H S R E W O L F
S E V A E L W O C
```

105

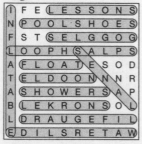

106

107

108

109

110

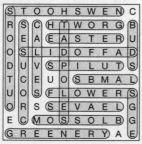

111

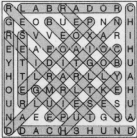

```
R L A B R A D O R C
G E O B U E P N N H
R S V V E O X A R I
E A E O A I O C H U
Y T D I T G O B A H
H T L R A R L L Y A
O E G M R L T K E A
U R L U I E S E S U
N A E E P U T G R A
O D D A C H S H U N D
```

112

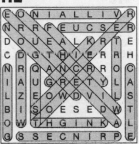

```
E O N I A L L I V H
N R R F E U C S E R
D O U E A L K R T E
C D G T H I E R R H
N R Q A N C R R O C
I A U G R E T Y L A
L Z E O W D V I L S
B I S O E S E D W T
O W T H G I N K A L
G S S E C N I R P E
```

113

```
R E D N U H T S I M
B S S U N S H I N E
S R L D R I Z Z L E
T L E U C E G W E D
O S E X S D U O L C
R L Z E I O B M D
M A T S F I N N S
H L I G H T N I N G
T S O R F E W A H T
T F S N O W B R N H
```

114

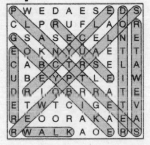

```
P W E D A E S E D S
C L P R U F L A O R
G S A S E C E L N E
E O K N Y U A E T A
C A B C T R S E L A
U B E Y P T L E I W
D R I O B R R A T E
E T W T C I G E T V
R E O O R A K A E A
R W A L K A O E R S
```

115

```
R V I L L A I N A E
N A M U H R E P U S
K E S G H M A S K N
N C O E U G E G E A
E O I T C N U N C I
D P S K I R E O I D
N O A O E M E R T R
C W R C Y D H T S A
R E S C U E I S U U
H R H E R O E S I G
```

116

117

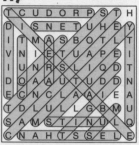

118

119

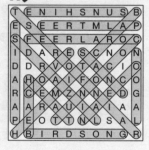

120

121

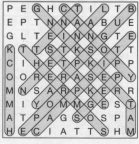

122

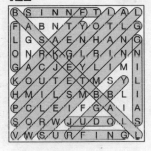

```
B S I N N F T I A L
F A B N T Y O T L G
L G S A E N H A N G
O N R K G I R I N I
G A C J E Y L I M I
K O U T E T M S Y L
H M I L S M B B L I
P C L E I F G A I A
S O R W J U D O L S
V W S U R F I N G L
```

123

```
H A D D O C K M I H
A S S E A H O R S E
L S I R T N H I H R
I F H E K R F R S E
B R R F N T O N I D
U K I E O W A U F N
T S R R K P O E T U
H U R A P C L L A C
I A N E H O A O C L
P W R A S S F M M F
```

124

```
Y T L A N E P R O E
W H I S T L E H F E
E B A L L D A R F R
L M F F N I D I S E
A I W E F Y D I I F
O E F T A E L T D E
G E I S T R I K E R
U M K C I K E E F T
E T U T I T S B U S
M I D F I F I D T E
```

125

```
W R E G D A B L R R
Y O R A B B I T E Y
G L O B E Z M L L L
X O F O A O I F M E
R U H X L E N G O R
E S D E E O T U U R
D K N B G T U L S I
I O X A K I D T S E U
P T R N I R E U E Q
S O T T S L D H B S
```

126

```
S B A C K P A C K D
W T P W E G A S R B
R A A N O L D A R O
M E C T E D O P R O
F I T N I B N E R K
L L D U E O X I E C
E A E T P C N D W A
R H I H A M C E A S
A H L E X S S O N R E
W K T R I A H C D Y
```

127

```
M M U F A S A U A E
O S N H A Y T B A S
G A S B T A A C Y T
Y L M O B I S L N I
C I H B I E V A A A
S A Y R P E L M A N
A S L A S S M S N B
A T L T A V O C B F
Y C E I A A S S O G
H R P N U A T Y E A
```

EXPERTS ONLY

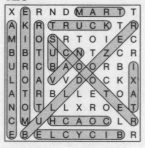

128

X E R N D M A R T T
A K R T R U C K T R
M I O S R T O I E C
B B T U C N T Z C R
U R C B A O O R B I
L O A V V D O C K X
A T R B L L E T O A
N O T L L X R O E T
C M U H C A O C L R
E B E L C Y C I B R

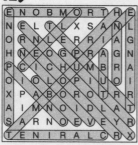

129

E N O B M O R T H E
N E L T L X S A N L
O R N L E R R I A G N
H N E O G P R A G N A
P C I C H U M B R A
O I O L O P I U O I
X P A B O R O T R R
A I M N O I D L A T
S A R N O E V E Y R
T E N I R A L C R X

130

S M L E K O J K T U
A N I L Y S A A N N E
S I A E A A P E D T T
S E L T S T M E A A A
E L U T M R B N L L
R P I O S E N A L K
T X C T D A R G U E
N E A T S P E A K N
I N N E T S I L S T
D S O D I S C U S S

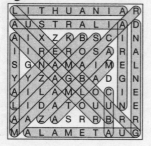

131

L I T H U A N I A R
A U S T R A L I A D
A I X Z K B S C I N
I I R E R O S A R E
S G N A M A I M E
Y Y Z A G B A D I
A I L A M L O C I E
L I D A T O U U N E
A A Z A S R R B R R
M A L A M E T A U G

First published in Great Britain in 2023 by Buster Books,
an imprint of Michael O'Mara Books Limited,
9 Lion Yard, Tremadoc Road, London SW4 7NQ

W   www.mombooks.com/buster

f   Buster Books

🐦   @BusterBooks

📷   @buster_books

A CIP catalogue record for this book is available from the British Library.

ISBN: 978-1-78055-970-4

1 3 5 7 9 10 8 6 4 2

This product is made of material from well-managed, FSC®-certified
forests and other controlled sources. The manufacturing processes
conform to the environmental regulations of the country of origin.

This book was printed in July 2023 by
CPI Group (UK) Ltd, Croydon, CR0 4YY.

MIX
Paper | Supporting
responsible forestry
FSC® C171272
FSC
www.fsc.org